1

Leyla Margarita Tobías de Santander

Manual para escribir poemas

El encanto de los versos

consultorías stanley editores

Consultorías Stanley Editores E-Book e impreso
Edición Original, mayo de 2023
Consultorías Stanley
Bucaramanga, Colombia

Leyla Tobías de Santander © 2023

ISBN: 9798396520660

Diseño de carátula y contracarátula
© Hugo Noël Santander Ferreira

Printed and Digitally Originated in America

First Edition

Et pleure, sans qu'un regret s'y mêle,
À cette voix qui d'un berceau l'appelle[1].

Baudelaire

_____

[1] Y llorar, sin que un remordimiento lo estorbe,

A esta voz que la llama desde la cuna.

Índice

Prólogo

El arte de la escritura poética es un tema trascendental que ha sido objeto de estudio y reflexión por parte de varios escritores y pensadores a lo largo de la historia.

Aristóteles, en su obra "Poética", escrita en el siglo IV a.C., analiza la naturaleza de la poesía y establece los elementos básicos que conforman una obra literaria. Su mayor contribución fue la de llamar al poeta un creador de mitos o fábulas, esto es, de tramas sorprendentes e innovadoras, desvistiéndolo de la versificación y la métrica. Un verso nos conmueve así, no tanto por las palabras que emplea sino por la historia que sugiere.

Como afirmaría Derek Walcott, todos los grandes poetas son dramaturgos. Baste citar un verso de Verlaine sobre el mismo tema, para comprender que no se trata de escribir o improvisar sin sentido, como han hecho varios dictadores que suben al podio de las naciones unidas para hablar por 8 horas o más:

Prends l'éloquence et tords-lui son cou !

¡Prende tu elocuencia y tórcele el cuello!

Longinus fue un filósofo y crítico literario griego del siglo I d.C., y es conocido por su obra "Sobre lo sublime", donde explora el concepto de la grandeza en la literatura. Longinus identifica ciertas cualidades que hacen que una obra sea "sublime", como el uso de metáforas, la capacidad de inspirar emociones intensas en el lector y la habilidad de trascender el tiempo y el espacio.

Horacio fue el poeta romano más famoso del siglo I a.C., en virtud del patronazgo de Mecenas y el aprecio inconmensurable de Augusto. Horacio escribió un compendio de opiniones sobre la poesía en "Ars Poetica", consejos prácticos para los nuevos escritores de poesía. Horacio habla de la importancia de la claridad, la brevedad y la verosimilitud en la escritura, y señala que un buen poema debe ser tanto agradable como instructivo.

Lope de Vega fue así mismo el más famoso escritor español del siglo XVI hasta que Cervantes publicara El Quijote. Lope es conocido por sus obras de teatro, pero también escribió poesía. En su "Arte nuevo de hacer comedias en este tiempo", defiende los cambios de acción, tiempo y escenario, la variedad de temas y una mezcla de elementos cómicos y trágicos. Nada está prohibido al poeta, según Lope.

Sir Philip Sidney fue un poeta y soldado inglés del siglo XVI, y escribió una obra llamada "La defensa de la poesía", donde argumenta que la poesía es una forma de conocimiento que va más allá de lo que se puede aprender a través de la razón. Sidney defiende la poesía como una forma de expresión elevada que puede inspirar a los lectores a alcanzar un estado de virtud y perfección.

El poeta austriaco Rainer Maria Rilke del siglo XX, escribió "Cartas a un joven poeta", donde explica su visión de la poesía y su proceso creativo. Rilke destaca la importancia de la soledad, la introspección y la conexión con la naturaleza para la escritura poética, y ofrece consejos prácticos a un joven escritor que busca encontrar su voz poética.

"La Magia de los libros: Manual para escribir un libro de poemas" de Leyla Margarita Tobías Buelvas se inscribe en esta tradición. Desde su experiencia como poetisa de la sabana del rio Sinú, Leyla ofrece una perspectiva liberadora para aquellos que aspiran a ser poetas.

Escribiendo en verso cada vez que su pluma se conmueve, Leyla hace un llamado a la fe y la paciencia en el proceso de convertirse en un escritor. En particular, destaca la importancia de creer en uno mismo y en su destino como escritor, a pesar de la falta de reconocimiento y crédito que pueda recibir en el camino.

Leyla resalta la necesidad de dar un "salto al vacío" y tener paciencia en el proceso creativo. A menudo, los escritores enfrentan tiempos difíciles en los que se sienten solos y sin el apoyo de la sociedad. Sin embargo, Leyla alienta a sus lectores a perseverar, a no tener miedo al tiempo ni a la muerte, y a decidir ser lo que el mundo no quiere que sean.

Este libro de Leyla es una inspiración para los escritores que luchan por encontrar su voz y hacerse notar en el mundo literario. Es un llamado a la paciencia y la fe en uno mismo, para superar los obstáculos y perseverar en la escritura poética.

Las temáticas abordadas son ya un poema que invita a cada lector a sumergirse en su poesía:

a. Lee poesía
b. Haz un examen de conciencia poético
c. Tus recuerdos y tu imaginación son poesía
d. Emula a otros poetas
e. Sé auténtica
f. Corrige tu trabajo
g. Persiste

Leyla M. Tobias Buelvas es una poeta y psicóloga colombiana nacida en Sincelejo. Desde muy joven, mostró una profunda pasión por la escritura y la exploración de la mente humana. Con una formación académica en Psicología de la Universidad Metropolitana de Barranquilla, ha dedicado su vida al estudio del comportamiento humano y al desarrollo de proyectos creativos.

Además de su carrera como psicóloga, Leyla ha incursionado en el mundo de la poesía, donde ha encontrado una forma de expresión íntima y emotiva. Su obra poética se caracteriza por su sensibilidad, profundidad y capacidad para explorar las complejidades del amor, la pérdida y la esperanza. Con tres libros de poemas publicados, Leyla ha logrado llegar a un amplio público a través de plataformas como Amazon.

A lo largo de su trayectoria, Leyla ha buscado enriquecer su conocimiento y habilidades a través de diversos cursos y certificaciones. Ha participado en cursos de habilidades blandas para la actualidad laboral, así como en cursos de poesía y literatura para contar historias. Esta constante búsqueda de aprendizaje demuestra su compromiso con la mejora continua y la excelencia en su arte.

En el ámbito laboral, Leyla ha desempeñado diversos roles en el campo de la psicología y el desarrollo humano. Ha trabajado como asesora psicológica en empresas, donde se ha encargado de la selección de personal, la capacitación y el desarrollo humano de los empleados. También ha sido psicóloga de interconsulta en una clínica y ha ejercido como tutora en diferentes instituciones educativas y universidades.

Actualmente, Leyla ocupa el cargo de Gerente de la Corporación Editorial Stanley en Bucaramanga, donde se encarga de la promoción y divulgación de los libros de la editorial. Su pasión por la escritura y su profundo conocimiento del ser humano se combinan en esta posición, permitiéndole difundir y compartir obras literarias de calidad.

Además de su labor como poeta y psicóloga, Leyla ha sido conferencista en eventos y congresos relacionados con su campo profesional. Ha compartido sus conocimientos y experiencias en temas como psicología organizacional, selección de personal y desarrollo humano.

Poeta comprometida con la belleza y la profundidad de la palabra, así como una profesional en el campo de la psicología que busca entender y mejorar la experiencia humana. Su obra literaria y su dedicación en su campo de estudio la posicionan como una figura inspiradora y valiosa en el ámbito literario y académico.

Leyla Margarita Tobías Buelvas nos invita a explorar el fascinante mundo de la poesía, y nos muestra cómo la escritura poética puede ser una forma de conexión con el mundo y con nosotros mismos. Su manual es una guía esencial para todos aquellos que deseen adentrarse en este universo y descubrir el encanto de los libros.

Hugo Noël Santander Ferreira
Meseta de Bucaramanga
Mayo 27 de 2023

Introducción

En un mundo conectado por hilos de palabras,
donde la poesía se expande en versos al viento,
las antologías se alzan como un valioso alimento,
donde los poetas noveles encuentran sus marcas.

En nuestra editorial, la puerta a la publicación sin trabas,
se abren las alas de sueños y pensamiento,
permitiendo que los versos, con su aliento,
alcancen oídos ávidos de emociones bravas.

En las antologías, la voz del poeta se hace eco,
sus palabras se entrelazan en un coro magnífico,
donde cada pluma aporta su brillo y su reflejo.

El valor de participar, de compartir el verso lírico,
radica en la oportunidad de ser leído, descubierto,
y enriquecer el mundo con tu voz y tu sentir épico.

Así, los poetas noveles hallan su rincón propicio,
donde sus versos encuentran un hogar cálido,
y sus sueños de letras se vuelven más ambiciosos.

En antologías poéticas, el encuentro es mágico,
donde las palabras se unen en un abrazo armónico,
y el alma del poeta encuentra su vuelo libertario.

¡Oh, poetas noveles, alzad vuestras plumas sin reparo,
participad en antologías, expandid vuestro universo!
Que vuestros versos, como luceros, brillen en el aro,
y vuestras emociones encuentren en cada lector,
un refugio para el alma, un eco para el corazón inmerso.

Que la poesía no tenga fronteras, que sea un caleidoscopio,
donde los sueños y las palabras se fundan en un abrazo eterno,
y los poetas noveles, con sus versos, transformen el microcosmos.

¿Qué se requiere para ser poeta? Además de querer serlo y escribir,
resalto la importancia de la constancia en este camino.

Ser poeta implica un compromiso diario con la escritura, con la
exploración de las emociones y la reflexión sobre el mundo que nos
rodea.

Para ser poeta se requiere, además, una sensibilidad especial para
captar y expresar las experiencias y los sentimientos, así como una
mente abierta y curiosa para observar y descubrir lo que otros no ven.

La habilidad para trabajar en la soledad,
la capacidad para escuchar y aprender
de las críticas constructivas,
y la voluntad de experimentar y desafiar las convenciones literarias
o sociales
también son importantes para escribir como poeta

Ser poeta es una vocación que requiere dedicación,
pasión
y perseverancia
para poder alcanzar la maestría en el arte de la escritura poética.

A menudo nos preguntan cómo logramos publicar 40 libros en
pandemia, y señalo que yo, de hecho, no había publicado sino 3 libros a
lo largo de mi vida. Pero Hugo guardaba decenas de manuscritos a la
espera de una editorial que les diera respaldo. El silencioso trabajo de la
vida de mi esposo se acumulaba en tres discos de memoria dura.

Un día, durante la Pandemia, le digo a Hugo que Amazon ahora permite
autopublicar a aquellos que dominen su plataforma de diseño, podría
publicar varios de sus libros, aquellos que tantos editores habían
rechazado.

Reorganicé mis antiguos poemas en un libro y con Hugo publicamos los 40 libros, base de Editorial Stanley.

Publicar un libro es la ilusión más consistente de prolongarse en el tiempo. Hoy no sabemos quien fue Píndaro, por ejemplo, pero nos estremecemos al leer su canto:

El tiempo,
que todo lo devora,
nunca puede extinguir la llama inmortal
que arde en el corazón de un hombre justo

El impacto de los libros en la sociedad
es el mismo que causa una piedra
que se arroja sobre un lago.
Por bajas que sean las ventas de un libro,
sus ideas ruedan
y se multiplican en Internet
como bolas de heno
que descienden desde la montaña.

Hugo N. Santander es, además de poeta, mi esposo, lo que lo convierte en una fuente continua de mi inspiración, del mismo modo en que yo, como su compañera de vida, lo inspiro:

Ya naciones dan crédito a su labor,
es admirable su fe en su destino como escritor.
Como todo en la vida,
se requiere de un acto de fe,
un salto al vacío
con una paciencia
que no teme
ni al tiempo
ni a la muerte
para decidir ser
lo que el mundo
no quería que fueras

porque lo bello en tu silencio brilla.

La escritura poética también requiere
una elaborada meditación,
ya que implica un diálogo constante
con nuestros recuerdos,
emociones
y pensamientos más profundos.

La escritura poética
se convierte
en una forma de autoconocimiento
y de conexión
con la creación y el creador,
práctica constante y dedicación integral
a la escritura poética.

Veo la escritura poética como una forma de existencia,
estar presente en el mundo, de ser parte de él.
Cada volumen que imprimimos
tiene un destino de lectores
que no vemos pero anticipamos

Pero no se trata solo de un proceso individual,
sino también
de una conversación con todos los seres vivos,
y por eso
es importante
que el contenido ético
esté presente en la poesía.

El escritor es consciente de que su vida está siendo observada y
grabada por todos, y por eso su obra debe ser una reflexión sobre la
existencia, al mismo tiempo que una invitación a la reflexión.

Leyla Margarita Tobías de Santander
Bucaramanga, mayo 13 de 2023

1. La ética de ser poeta: un compromiso con la verdad

La poesía, como forma de expresión artística, tiene el poder de capturar la esencia de la experiencia humana y transmitir verdades universales de manera única. Los poetas, como portadores de la palabra, tienen una responsabilidad ética para con su arte y su audiencia. En este ensayo, exploraremos la ética del poeta, destacando su compromiso con la autenticidad, la sinceridad y la búsqueda de la verdad.

La ética del poeta se basa en la autenticidad. Los poetas se esfuerzan por ser fieles a su voz interior, expresando sus pensamientos y emociones de manera genuina. Su ética implica evitar la pretensión y la falsedad, y comprometerse con la honestidad en su obra.

Los poetas entienden el poder y la influencia de las palabras. Su ética implica un uso consciente y reflexivo del lenguaje, respetando su capacidad para crear impacto en los demás. Los poetas deben ser conscientes de las implicaciones de sus palabras y asumir la responsabilidad de transmitir mensajes que sean veraces y respetuosos.

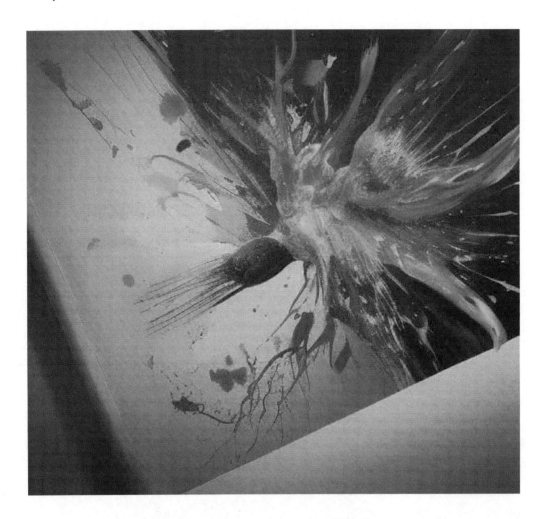

La ética del poeta involucra la búsqueda incansable de la verdad. A través de su arte, los poetas exploran los rincones más profundos de la experiencia humana, cuestionando y desafiando las convenciones establecidas. Su ética implica la valentía de enfrentar la realidad, incluso si es incómoda o dolorosa, y transmitir esas verdades a través de sus versos.

En la historia de la poesía, hemos encontrado poetisas valientes y comprometidas que han luchado incansablemente por la verdad. Estas mujeres intrépidas han desafiado las normas sociales y culturales de su tiempo, utilizando su voz poética para revelar las verdades ocultas y dar voz a las experiencias silenciadas.

Un ejemplo emblemático de esto es la poetisa y activista Audre Lorde. A través de su poesía, Lorde exploró y denunció las intersecciones del racismo, el sexismo y la homofobia. Su ética poética se basaba en la valentía de enfrentar las realidades sociales y políticas, y de resistir contra la opresión. Sus poemas, como "Habla de ti misma", se convirtieron en un llamado a la acción y en una celebración de la identidad y la autenticidad.

Otra poetisa destacada es Maya Angelou, cuya poesía resplandece con una profunda honestidad y un compromiso con la verdad. A través de sus versos, Angelou exploró temas como el racismo, el abuso y la identidad. Su poema "Still I Rise" es un himno de empoderamiento y resiliencia, que habla de la fuerza interior para superar la adversidad y reclamar el propio poder.

En el ámbito de la poesía contemporánea, poetisas como Warsan Shire han llevado la ética de la verdad a nuevas alturas. Shire ha abordado temas como la migración, la diáspora y la experiencia de las mujeres. Sus poemas, como "Home" y "For Women Who Are Difficult to Love", revelan las verdades universales de la lucha y la resistencia, al mismo tiempo que brindan una visión personal y poética de la realidad.

Estas poetisas, y muchas otras, han dejado un legado duradero a través de su compromiso con la verdad. Su ética poética nos enseña la importancia de buscar la verdad en nuestras propias vidas y en el mundo que nos rodea. Nos inspiran a levantar nuestras voces, a desafiar las injusticias y a transmitir nuestras verdades a través del poder de la palabra poética. En su valiente lucha por la verdad, estas poetisas nos recuerdan que el arte tiene el poder de cambiar y transformar el mundo.

Los poetas valoran la belleza en todas sus manifestaciones y buscan plasmarla en su poesía. Su ética implica un compromiso con la estética, utilizando el lenguaje de manera evocadora y creativa para crear imágenes poderosas y conmovedoras. Los poetas se esfuerzan por cautivar a sus lectores y despertar emociones a través de su habilidad para combinar palabras de manera armoniosa.

Los poetas asumen la responsabilidad de transmitir la esencia de la experiencia humana a través de su arte, con sinceridad y honestidad. En un mundo donde la verdad puede ser difusa, la poesía se convierte en un faro que ilumina el camino hacia una comprensión más profunda de nosotros mismos y del mundo que nos rodea. El poeta, en su ética, es el guardián de la palabra, el constructor de puentes entre el lenguaje y la verdad, y el artista que nos invita a ver más allá de lo aparente.

2. Lee poesía

¿Sabías que las letras de tus canciones favoritas son en realidad poemas? En la antiguedad, de hecho, todos los poemas eran cantados. El poeta debía ser no sólo escritor, sino también músico y actor.

Pero la música, que era un acompañante de la voz del poeta, se ha entronada como reina de las multitudes. Admitamos que las letras de las canciones son tan escasamente importantes, que ni siquiera llaman la atención de los censores, tal y como señala Jack Black al comienzo de uno de sus filmes.

Hablen del cielo o del infierno, las canciones en el mercado del siglo 21 se comercializan por su melodía.

Se dice que una imagen vale más que mil palabras, pero, ¿cuántas imágenes son capaces de suscitar un verso memorable? La poesía es un arte que combina la imagen con la palabra, y es capaz de crear imágenes vívidas en la mente del lector.

A menudo, una sola línea de poesía puede evocar una imagen más poderosa y duradera que muchas fotografías juntas. Ejemplos de esto son abundantes en la poesía. Por ejemplo:

Dos caminos divergieron en un bosque amarillo,
y lamenté no poder tomar ambos
de Robert Frost.

La primavera sin ti es una temporada vacía
de Pablo Neruda.

Una rosa es una rosa es una rosa
de Gertrude Stein.

Luz suspendida en la noche,
tu mano sobre mi mano
de Octavio Paz.

Oh Capitán, mi Capitán,
nuestro temeroso viaje ha terminado
de Walt Whitman.

Despreciable y Peligroso
Eso ha hecho de mí la poesía y el amor
de Raúl Gómez Jattin

Cada uno de estos versos es una imagen en sí misma, y la emoción y el significado que evocan son inmensamente poderosos. La poesía nos recuerda la capacidad del lenguaje de ser transformador y de abrir nuestros sentidos a las maravillas del mundo.

La poesía es comunicación de un sentimiento que queremos, tal y como anhelaba un desconocido poeta griego de quien sólo conservamos unas líneas:

Haz, ¡Oh, Diosa!
que mis versos sean como flechas
Y que desde el carcaj del tiempo
traspasen a mis oyentes

He mencionado varios poetas que quizás no conozcas.
Leer poesía es una excelente manera de inspirarte y familiarizarte con diferentes estilos de escritura.

Lee a poetas conocidos y también a poetas desconocidos, e intenta analizar su estilo y su técnica. Esto te ayudará a desarrollar tu propio estilo y encontrar tu propia voz.

Hay muchas antologías de poesía en las librerías, pero, curiosamente, no encontramos antologías de versos sueltos, que son los que las multitudes recuerdan. A continuación cito los versos de algunas poetas que me han tocado el alma:

"Porque soy mujer, cuando lloro me dicen que soy débil, pero cuando río, nadie pregunta si soy fuerte" - Beau Taplin

"Eres la respuesta a cada pregunta que he hecho" - Lang Leav

"No es que tenga miedo a morir. Simplemente no quiero estar allí cuando suceda" - Dorothy Parker

"Nunca permitas que nadie te diga que no puedes hacer algo. Si tienes un sueño, debes conservarlo. Si quieres algo, sal a buscarlo, y punto" - Erin Hanson

"Amo la tierra que he dejado atrás más allá del tiempo y el espacio, y la feliz mano que dirige mi nave sabe que nunca volveré" - Emily Dickinson

"Yo soy la tormenta" - Warsan Shire

"Que nada nos defina. Que ni la muerte nos separe. Que la vida es un instante y la eternidad no existe" - Frida Kahlo

"Era una flor en el campo, y eso es todo" - Edna St. Vincent Millay

"La poesía es un acto de paz. La poesía es la paz que encuentra un hogar en el corazón" - Lorna Dee Cervantes

"La poesía es un eco, pidiéndole a la sombra que baile" - Carl Sandburg

"Si muero sobrevive mi voz en la poesía" - Ángela Garcés

"La poesía está en el aire, en el sol, en la lluvia, en la noche, en el día" - Sofía Montenegro

"En cada verso pongo mi alma, mi ser, mi corazón y mi voz" - Emma Gómez

"Yo no quiero que me entierren con mi poesía, quiero que mi poesía vuele lejos de mí" - Gloria Elena Hoyos

"La poesía es el canto de mi alma, la voz de mi corazón, el reflejo de mi ser" - Mary Grueso

"Deja que te hable del amor, del fuego / que incendia el alma, que consume el pecho / que nos arranca gemidos, gritos, besos / que nos hace morir y nos da el mundo" - Mercedes Carranza

La poesía es un género literario que ha existido desde los tiempos más antiguos de la humanidad y que ha desempeñado un papel fundamental en la cultura y la sociedad. Sin embargo, en la actualidad, a menudo se considera que la poesía es un género oscuro y difícil de entender, y su lectura es relegada a un nicho de la población.

Consideremos porqué es importante leer poesía y por qué deberíamos darle una mayor importancia a este género literario.

En primer lugar, la poesía es una forma de expresión artística que nos permite conectarnos con nuestras emociones y experiencias de una manera más profunda. Los poetas a menudo utilizan la poesía para explorar temas universales como:

El amor,
la muerte,
la naturaleza
y
la identidad.

Al leer poesía, podemos conectarnos con estas emociones y experiencias compartidas, lo que nos ayuda a entender mejor el mundo que nos rodea y a nosotros mismos.

Además, la poesía es un medio para transmitir la belleza y la musicalidad del lenguaje.

Los poetas juegan con las palabras y las estructuras lingüísticas para crear ritmos y sonidos únicos que pueden ser apreciados por su belleza en sí misma. Leer poesía nos permite disfrutar de la musicalidad del lenguaje, lo que puede ayudarnos a desarrollar una mayor sensibilidad al ritmo y al sonido de las palabras.

Otra razón por la que es importante leer poesía es porque nos ayuda a desarrollar nuestra capacidad de pensar críticamente. La poesía a menudo se basa en la ambigüedad y la complejidad, lo que puede requerir que el lector interprete y analice el significado detrás de las palabras.

Al leer poesía, podemos desarrollar nuestra capacidad para analizar y comprender el lenguaje y la complejidad del significado, lo que puede ser útil en otras áreas de nuestra vida.

La poesía es una forma de arte que nos permite conectarnos con la historia y la cultura de nuestro mundo. Los poetas a menudo se inspiran en la historia y la cultura de su tiempo para crear su poesía, lo que nos permite entender mejor el contexto social y cultural de la época. Leer poesía de diferentes épocas y lugares nos permite ampliar nuestra comprensión de la diversidad cultural y de la historia de la humanidad.

La poesía es un género literario que nos permite romper con los géneros literarios. Con mi esposo, por ejemplo, ilustramos lo que escribimos con las herramientas de la AI.

Si no has escrito, puedes hacerlo ahora mismo.

Lee a un poeta y luego escribe un poema que emule lo leído. No se trata de plagiar, sino de emular, esto es de superar, de ejecutar una variación, algo que aspira a contener la belleza del original añadiendo una variación, otro principio, otro desarrollo, otro final.

Tomemos, por ejemplo este poema de Gómez Jattin:

Conjuro
Los habitantes de mi aldea
dicen que soy un hombre
despreciable y peligroso
Y no andan muy equivocados

Despreciable y Peligroso
Eso ha hecho de mí la poesía y el amor

Señores habitantes
Tranquilos
que sólo a mí
suelo hacer daño

Cuya lectura despierta en mí sentimientos fuertes sobre el rechazo y la aceptación social. Escribo:

Los enemigos de los perros

En mi barrio hay unos pocos
que a los perros maltratan,
que los golpean y lastiman
sin un atisbo de remordimiento.

Yo les miro con repudio,
pues no entiendo su crueldad,
¿qué han hecho los pobres perros
para merecer tal maldad?

A veces quisiera gritarles,
hacerles entender su error,
pero sé que no escucharán
ni un ápice de mi dolor.

Por eso, en silencio clamo
por la justicia y el amor,
y me convierto en defensor
de aquellos seres sin voz.

Que sepan los maltratadores,
que su actuar es execrable,
y que el mundo entero les juzga
por su actitud despreciable.

Leer es para el poeta lo que ver competiciones deportivas es para el atleta.

Escribir luego de leer nos conecta con nuestras emociones, desarrollar nuestra capacidad de pensamiento crítico, disfrutar de la belleza del lenguaje y comprender mejor la historia y la cultura de nuestro mundo.

Por lo tanto, es importante que demos mayor importancia a la poesía y fomentemos su lectura y apreciación en nuestra sociedad.

3. Taller de poemas breves

Este taller de escritura de poemas a partir de 12 palabras al azar es una excelente manera de estimular la creatividad, fomentar la escritura y la reflexión, y permitir que los participantes exploren nuevas ideas y conexiones entre palabras.

El peoma corto es una forma poética que permite transmitir una idea o emoción de manera concisa y poderosa; a partir del modelo del haiku tu expresión personal surgirá nítida, comprendiendo lo inconciente y lo conciente.

Seguiremos los pasos con un ejemplo.

I. **Elección de las 12 palabras** Lo primero que se hace es elegir 12 palabras al azar. Pueden ser palabras que se saquen de un sombrero, de una lista predefinida, o simplemente escogidas caprichosamente por cada participante de un diccionario. Abriré espacios para que vayas trabajando con nosotros.

Palabras de Leyla	Escribe tus palabras
1. Casa	
2. Bandera	
3. Unión	
4. Espera	
5. Retórica	
6. Libro	
7. Contigo	
8. Hacer	
9. Excepcional	
10. Mejor	
11. Cuatro	
12. Vacío	

II. **Creación de oraciones con cada palabra:** Una vez que que hemos obtenido 12 palabras de nuestro inconciente o del azar -que e suna forma inconciente-, se pide a los participantes que escriban una oración completa con cada una de ellas. De esta manera, se comienza a crear una base de posibles ideas y conexiones entre las palabras.

Oraciones de Leyla	Escribe tus oraciones
En mi casa hay un jardín lleno de flores y árboles frutales.	
Al ver la bandera ondeando en lo	

alto del mástil, se sintió muy patriota.	
La unión hace la fuerza, y juntos lograron el éxito.	
Después de una larga espera, finalmente llegó la persona que esperaba.	
A pesar de su habilidad en retórica, no logró persuadir al público.	
Siempre llevaba consigo un libro para leer en sus tiempos libres.	
Me siento feliz y seguro cuando estoy contigo.	
Es importante hacer ejercicio regularmente para mantener una buena salud.	
Su talento para la música era excepcional y único.	
Siempre trato de hacer lo mejor que puedo en todo lo que emprendo.	
Había cuatro personas en la habitación, incluyéndome a mí.	
Después de mudarse, la casa se sentía vacía sin los muebles y objetos personales.	

III. Selección de la oración dramática: Luego de que cada participante escriba sus 12 oraciones, se les pide que identifiquen aquella más dramática de todas. Esta palabra será la que se utilizará para crear los tres versos del haiku.

Eligiré la última oración, fragmentándolo en "lexias" o frases que consideros con sentido unitario:

Después de mudarse,
la casa se sentía vacía
sin los muebles
y
objetos personales.

La poesía moderna emplea sangrías para crear pausas en la mente del lector; se trata de silencios que realzan la importancia de las lexias escogidas. Veamos esta misma frase trocada en poema con sangrías:

Después de mudarse,
la casa
       se sentía vacía
sin los muebles
       y
          objetos personales.

Las pausas visuales son identificadas por el lector como pausas psicológicas; dejar en suspenso "la casa", crea emociones asociadas con recuerdos de nuestra infancia.

IV.   Búsqueda de una causa y una consecuencia: A partir de la palabra dramática seleccionada, se les pide a los participantes que busquen una causa y una consecuencia relacionadas con ella. Esto ayudará a darle más profundidad y significado al haiku.

Causa poética	Consecuencia poética:
El vacío en la casa se siente debido a la ausencia de los objetos personales que llenaban el espacio antes de la mudanza.	La soledad en la nueva casa se intensifica al no tener objetos familiares que reconforten el alma, generando una sensación de desarraigo y nostalgia.

V.   Escritura del poema: Esta etapa se supedita a la inspiración de cada escritor para traducir su descubrimiento, esto es, el material que el azar o su inconciente le ha entregado.

Escribamos un poema empleando las palabras suscritas en el paso I.

El vacío, espera 1

La casa se siente vacía y silente,
desnuda de muebles y objetos que solían habitarla,
la mudanza ha despojado su alma,
y la soledad es su única compañera.

Los recuerdos se fueron con la última caja,
la esencia de cada rincón ha desvanecido,
la nostalgia es la única que se queda,
mientras la tristeza nos acompaña en el vacío.

Pero el corazón es más fuerte que el espacio vacío,

y lenta, pero segura, comienza la renovación,
con cada nuevo objeto se recompone la armonía,
y en la casa renace la unión.
Cada objeto es una bandera de nuestro pasado,
que evoca recuerdos y nos hace sentir contigo,
cada libro, cada fotografía, cada detalle,
nos devuelve el sentido de lo excepcional y lo mejor.

Y así, la casa se llena de vida y de retórica,
se convierte en un refugio, en un hogar,
donde los sentimientos encuentran su lugar,
y el vacío se transforma en una espera incierta.

Ahora escribe tus versos; puedes emplear las palabras y frases anteriores como fuente de tu inspiración:

El primer poema, su primera versión, es por lo general muy expresivo. Es conveniente reescribirlo sugiriendo, más bien que evidenciando, ideas y sentimientos.

El vacío, espera con ennui

En la casa que habitó mi corazón,
los muebles y objetos eran la voz,
que daba vida a cada rincón,
hasta el día en que llegó la mudanza atroz.

De pronto la casa se sintió vacía,
y en el eco de mi voz, sólo silencio,
en medio de la espera y la melancolía,
descubrí la verdad de mi desencuentro.

Los objetos y muebles, como una bandera,
eran unión y contigo el mejor,
una retórica excepcional y verdadera,
que a mis días le daba color.

Ahora, sin ellos, queda el libro en blanco,
y la espera eterna de volver al abrazo.

VI.   Escritura del poema corto o haiku: Finalmente, con el poema
      terminado, la causa y la consecuencia identificadas, adaptaremos
      sus ideas a un haiku de tres versos. El haiku, forma del poema
      corto japonés, sigue idealmente la estructura tradicional de 5-7-5
      sílabas.

El vacío, espera 3

Casa vacía,	
Sin muebles ni objetos,	
Mudanza sin alma.	

Mi obra fue en un comienzo de poemas cortos, algunos siguiendo la estructura del haiku, otros alterándola. Si bien la métrica es el estudio de las consonancias rítmicas de los poemas, los poetas se han rebelado desde la antigüedad contra sus imposiciones para dar más importancia a la expresión.

Si nuestro fin es conmover, las rimas apareadas y los acentos de las oraciones no deben ser camisas de fuerza para tu inspiración, tampoco las reglas del Haiku:

El vacío, espera 4

Casa vacía,	
susurra el eco en la esquina,	
sin vida ni abrazos.	
Mudanza sin alma,	
sueños rotos en cajas,	
memorias en pedazos.	

4. Construyendo tu inspiración

La poesía puede ser inspirada por cualquier hecho o circunstancia, desde la contemplación u observación de la naturaleza hasta las emociones fruto de tus divagaciones.

Encuentra lo que te mueve y te inspira, y trata de escribir sobre ello.

La memoria emotiva y su relación con la inspiración poética

La memoria es la herramienta que nos permite almacenar y recordar información de nuestro pasado. Sin embargo, hay un tipo de memoria que se enfoca en las emociones y sentimientos que hemos experimentado en nuestras vidas: la memoria emotiva. Esta memoria es la que nos permite revivir momentos únicos e intensos y, por lo tanto, es una fuente valiosa de inspiración para la escritura poética.

Lee Strasberg, un reconocido actor y director de teatro, creó un método de actuación que se basa en la memoria emotiva. En este método, los actores utilizan sus propias experiencias y emociones para conectar con los personajes que interpretan. Este método se puede aplicar también en la escritura poética para conectarnos con nuestras propias emociones y crear poemas más auténticos y poderosos.

El ejercicio de memoria emotiva es una técnica de actuación desarrollada por Lee Strasberg y utilizada en el Actors Studio de Nueva York. Se trata de un proceso en el que el actor utiliza sus propias experiencias personales y emociones para crear un personaje más auténtico y con mayor profundidad.

Se cuenta que en una de las clases del Actors Studio, Lee Strasberg le pidió a Marilyn Monroe que recordara un momento triste de su infancia. Ella comenzó a hablar sobre su madre, que sufría de problemas mentales y solía estar internada en un hospital psiquiátrico. Mientras hablaba, Strasberg le pidió que cerrara los ojos y se imaginara a su madre en la habitación con ella. Luego le pidió que reviviera la experiencia en su mente y permitiera que las emociones fluyeran.

La técnica de la memoria emotiva de Strasberg ayudó a Marilyn Monroe a conectarse con sus emociones y a crear personajes más complejos y auténticos en sus actuaciones. La actriz utilizó esta técnica en muchas de sus interpretaciones, incluyendo en películas como "Los hombres las prefieren rubias" y "Con faldas y a lo loco".

Ejercicio de Memoria Emotiva

Toma un momento para reflexionar sobre una experiencia emocional intensa que hayas tenido en tu vida. Puede ser una experiencia positiva o negativa.

Escribe una lista de las emociones y sentimientos que experimentaste durante esa experiencia. Trata de ser lo más específico posible.

Utiliza esas emociones y sentimientos para escribir un poema. No te preocupes por la forma o la estructura en este momento, simplemente deja que las palabras fluyan.

Lee tu poema en voz alta y reflexiona sobre cómo te hace sentir. ¿Te sientes más conectado con tus propias emociones? ¿Hay algún aspecto de la experiencia que hayas podido comprender mejor a través de la escritura poética?

Ejemplo de poema creado a partir de la memoria emotiva

1. El primer paso es recordar un evento que hemos vivido con intensidad. Enumeraré, a partir de la memoria emotiva, los recuerdos espacio-temporales de una experiencia de amor perdido.

Pregúntate: ¿Qué vi? ¿Qué escuché? ¿Qué sentí en mi piel? ¿Qué olores emanaba aquel lugar? ¿Qué sabores recientes permanecían en mi boca?

Añade las impresiones de la memoria: ¿Qué temía? ¿Qué esperaba?

Las emociones, pensamientos y sentimientos experimentados durante esa experiencia se plasmarán en el poema, creando una obra auténtica y emotiva.

Esta es la lista de las impresiones que recuerdo, o que reelaborar a partir de la fantasía. No olvidemos que los recuerdos cambian con el paso de los años:

1.1. Aquella noche en la que te despediste, el cielo estaba despejado y las estrellas parecían ocultarse como si supieran lo que estaba por suceder.

1.2. El brillo de la luna parecía apagarse lentamente mientras te alejabas, como si también estuviera entristecida por tu partida.

1.3. El frío de la noche se infiltraba en mi piel, recordándome la ausencia de tu cálido abrazo.

1.4. El vacío que dejaste en mi alma al marcharte era tangible, como si algo vital se hubiera ido junto contigo.

1.5. Traté de aferrarme desesperadamente a los recuerdos de nuestro amor, sabiendo en lo más profundo de mi ser que nunca volverías.

1.6. La espera se volvía interminable, cada minuto parecía una eternidad sin tu presencia a mi lado.

1.7. La tristeza se adueñaba de mí, inundando mi ser con la realidad de tu ausencia y el dolor de la pérdida.

1.8. Me preguntaba una y otra vez cómo pudo ser tan efímero nuestro amor, cómo algo tan intenso pudo desvanecerse tan rápido.

1.9. Enfrentarme a la vida sin ti parecía una tarea abrumadora, sin un camino claro para seguir adelante.

1.10. En lo más profundo de mi corazón, quedó un hueco que no puedo llenar, un espacio vacío que solo tú ocupabas.

Luego plasmamos dichos recuerdos en los versos del poema:

La noche que te fuiste

Las estrellas se escondieron
y la luna se negó a brillar.
El frío se coló en mi piel
y un vacío en mi alma dejaste al marchar.

Quise aferrarme a tu recuerdo,
aunque sé que nunca volverás.
La espera se hace eterna,
y la tristeza me inunda al recordar.

¿Cómo pudo el amor ser tan fugaz?
¿Cómo puedo seguir adelante sin ti?
La respuesta no la sé,
sólo sé que en mi corazón, un hueco dejaste al partir.

Que, en mi caso particular, reduzco a un haiku:

Estrellas y luna,
frío en mi piel al partir.
Hueco en mi corazón.

Al utilizar la memoria emotiva en la escritura poética, es posible crear obras que conecten con el lector de manera más profunda y poderosa.

Mencionaré otras diversas técnicas que pueden ayudar a recuperar recuerdos y emociones pasadas.

La meditación: La meditación puede ayudar a enfocar la mente en el momento presente y atraer recuerdos olvidados. Al concentrarse en la respiración y en el cuerpo, es posible que se despierten memorias que se encontraban escondidas en la mente.

La relajación: La relajación puede ayudar a desbloquear las emociones que se encuentran ocultas. Al relajarse, se pueden recordar momentos que se encuentran en el fondo de la memoria.

La hipnosis: La hipnosis es una técnica que se utiliza para llegar al subconsciente y acceder a los recuerdos que se encuentran escondidos. Esta técnica debe ser realizada por un profesional capacitado.

El diario: Escribir los recuerdos en un diario puede ayudar a recordar detalles olvidados. Escribir los recuerdos y emociones en un papel puede ser una forma efectiva de liberarlas.

Las fotografías familiares: Las fotografías pueden ser una herramienta muy útil para recordar momentos del pasado. Al ver fotografías, se pueden desencadenar emociones y recuerdos olvidados.

La terapia: La terapia puede ser una forma efectiva de acceder a los recuerdos y emociones pasadas. Un terapeuta capacitado puede ayudar a explorar los recuerdos y a procesar las emociones relacionadas con ellos. Sus resultados son afines a los conseguidos con los ejercicios de memoria emotiva bajo la dirección de un teatrista con experiencia.

Los poetas no tememos enfrentar nuestros recuerdos, por doloroso que sean, tal y como leemos en escritos de grandes escritores:

"La memoria es un espejo que nos engaña / y el olvido, una luz que nos ilumina" - Jorge Luis Borges

"Es triste recordar los días felices / cuando uno está sufriendo" - Emily Bronte

"El recuerdo es el perfume del alma" - George Sand

"Hay momentos en que las palabras tienen el poder de sanar el alma herida" - Rupi Kaur

"No hay nostalgia peor que añorar lo que nunca jamás sucedió" - Joaquín Sabina

"Los recuerdos tienen la costumbre de asomarse sin ser invitados" - Gabriel García Márquez

"El pasado es un lugar de referencia, no de residencia" - Anonymous

"Hay recuerdos que no deberían ser recordados" - Haruki Murakami

"Hay ciertas cosas que una vez que se van, no vuelven jamás" - Bob Dylan

"El recuerdo es la única forma de detener el tiempo" - Federico García Lorca

Juegos de Palabras

Emplear juegos de palabras en una creación poética puede agregar un elemento de ingenio, creatividad y profundidad a tus versos. Aquí tienes una descripción de cómo puedes utilizar juegos de palabras en tu poesía:

Doble sentido: Juega con palabras que tienen múltiples significados o pueden interpretarse de diferentes maneras. Al utilizarlas en tu poema, crea una ambigüedad intencional que invite a la reflexión o genere un efecto sorpresivo en el lector.

Aquí tienes cinco ejemplos de palabras con múltiples significados o ambigüedades intencionales en un poema:

1. "Sueño"

Me perdí en el sueño de tus ojos,
donde la realidad y el deseo se entrelazan.
¿Fue un sueño fugaz o una ilusión eterna?

El lector interpreta al leer diversas acepciones de "sueño":

Sueño (n.): Estado de reposo en el que la mente crea imágenes y sensaciones.
Sueño (n.): Anhelo o deseo profundo.
Sueño (v.): Imaginar o fantasear con algo.
En el poema, la palabra "sueño" puede referirse tanto al estado de reposo durante el dormir, como a un anhelo o deseo profundo que puede ser real o imaginario.

2. "Luz"

La luz de tu sonrisa ilumina mi camino,
pero también revela las sombras que oculto.
¿Es la luz un faro de esperanza o una cruel verdad?

Luz (n.): Radiación electromagnética que permite ver las cosas.
Luz (n.): Iluminación física o metafórica.
Luz (n.): Conocimiento o claridad en la mente.

En el poema, la palabra "luz" puede tener el significado literal de iluminación, pero también puede representar la claridad mental o el conocimiento que se obtiene a través de la experiencia.

3. "Vuelo"

En mis sueños, el amor me lleva en vuelo,
como un pájaro libre que desafía la gravedad.
¿Es el vuelo un escape de la realidad o un renacer de libertad?

Vuelo (n.): Acción de volar o desplazarse por el aire.
Vuelo (n.): Capacidad de elevarse o superar obstáculos.

Vuelo (n.): Imaginación o fantasía.

En el poema, la palabra "vuelo" puede aludir tanto a la acción física de volar como a la capacidad de superar obstáculos o a la libertad imaginativa que se experimenta en los sueños.

4. "Silencio"

El silencio susurra secretos no dichos,
mientras las palabras quedan atrapadas en la garganta.
¿Es el silencio una pausa o un abismo de emociones?

Silencio (n.): Ausencia de sonido o ruido.
Silencio (n.): Falta de palabras o comunicación.
Silencio (n.): Calma o tranquilidad.

En el poema, la palabra "silencio" puede significar tanto la ausencia de sonido como la falta de palabras o comunicación, y también puede transmitir una sensación de calma o tranquilidad.

5. "Eco"

Tu voz se desvanece, pero deja un eco persistente,
resonando en mi mente como un susurro perdido.
¿Es el eco un eco de amor o un eco de despedida?

Eco (n.): Repetición de un sonido debido a la reflexión de las ondas.
Eco (n.): Respuesta o repercusión de algo.
Eco (n.): Recuerdo o resonancia en la memoria.

En el poema, la palabra "eco" puede referirse tanto al fenómeno físico de la repetición del sonido como a la respuesta o repercusión que algo tiene, y también puede evocar un recuerdo o resonancia en la memoria del poeta.

Estas palabras y sus múltiples significados pueden generar una ambigüedad poética que invite al lector a reflexionar y encontrar diferentes interpretaciones en el poema.

Juego de sonidos: Explota las similitudes fonéticas o los ritmos de las palabras para crear juegos de palabras. Utiliza aliteraciones, asonancias, rimas o palabras que suenen parecido pero tengan significados distintos. Esto añadirá musicalidad y ritmo a tu poema.

Definamos cada uno de estos recursos:

1. Aliteración: La aliteración es una figura retórica que consiste en la repetición de uno o varios sonidos consonánticos en distintas palabras de un mismo verso o frase, con el fin de producir un efecto sonoro llamativo. Por ejemplo: "Susurra el viento en el valle verde".

2. Asonancia: La asonancia es una figura retórica que consiste en la repetición de sonidos vocálicos en distintas palabras de un verso o frase, generando una similitud fonética. A diferencia de la rima, la asonancia se enfoca únicamente en los sonidos de las vocales y no de las consonantes. Por ejemplo: "La rosa solitaria llora en la sombra".

3. Rima: La rima es la repetición de los mismos sonidos finales o interiores entre dos o más versos de un poema. Generalmente se utiliza para crear un efecto musical y establecer un patrón rítmico. Puede haber diferentes tipos de rima, como rima consonante (repetición de sonidos consonánticos y vocálicos) y rima asonante (repetición de sonidos vocálicos). Por ejemplo: "En el jardín florecen las rosas / y el aroma de su esencia nos embriaga".

4. Palabras que suenen parecido pero tengan significados distintos: Esta idea se refiere a utilizar palabras que tienen una similitud fonética o que suenan parecido, pero que tienen significados diferentes. Es una forma de jugar con el sonido de las palabras y crear juegos de palabras ingeniosos. Por ejemplo: "el sol brilla en el cielo / y siendo sol en las noches me desvelo" (aquí se juega con el sonido y doble sentido de la palabra "sol").

En "El sol brilla en el cielo" el término "sol" se refiere a la estrella que ilumina nuestro sistema solar y proporciona luz y calor a la Tierra. Es una descripción literal del fenómeno natural en el que el sol emite luz y brilla en el cielo durante el día.

En "y siendo sol en las noches me desvelo" el término "sol" adquiere un sentido figurado. Se utiliza la metáfora del "sol como yo" para expresar el insomnio o la dificultad para conciliar el sueño.

Aquí el hablante está diciendo que no puede dormir o que está despierto debido a la preocupación o la ansiedad que le causa ser "sol" en este sentido metafórico.

El segundo sol es motivo de un hermoso monólogo de Don Quijote de la Mancha:

"¡Oh tú, bienaventurado sobre cuantos viven sobre la haz de la tierra, pues sin tener invidia ni ser invidiado, duermes con sosegado espíritu, ni te persiguen encantadores, ni sobresaltan encantamentos!

"Duerme, digo otra vez, y lo diré otras ciento, sin que te tengan en contina vigilia celos de tu dama, ni te desvelen pensamientos de pagar deudas que debas, ni de lo que has de hacer para comer otro día tú y tu pequeña y angustiada familia.

"Ni la ambición te inquieta, ni la pompa vana del mundo te fatiga, pues los límites de tus deseos no se estienden a más que a pensar tu jumento; que el de tu persona sobre mis hombros le tienes puesto: contrapeso y carga que puso la naturaleza y la costumbre a los señores. (Don Quijote de la Mancha, Segunda parte, capítulo XX).

Juego de contrarios: Contrasta palabras con significados opuestos o encuentra palabras que tengan connotaciones diferentes pero relacionadas. Esta técnica puede generar tensiones y contrastes en tu poema, y resaltar los temas o mensajes que deseas transmitir.

Aquí tienes cuatro ejemplos de contrastes de palabras con significados opuestos o connotaciones diferentes pero relacionadas:

Lágrimas y risas: Contrasta la tristeza representada por las lágrimas con la alegría y felicidad representadas por las risas. Este contraste resalta la dualidad de las emociones humanas y puede transmitir un mensaje sobre la complejidad de la vida.

Oscuridad y luz: Contrapone la oscuridad, que puede simbolizar la tristeza, el miedo o la ignorancia, con la luz, que representa la esperanza, el conocimiento o la claridad. Este contraste puede enfatizar la transformación o la superación de situaciones difíciles.

Silencio y ruido: Contrasta el silencio, que puede sugerir tranquilidad, soledad o introspección, con el ruido, que puede representar caos, distracción o bullicio. Este contraste puede resaltar la importancia de la calma y la serenidad en contraposición a la agitación y el estrés.

Invierno y primavera: Contrapone el invierno, que simboliza la frialdad, la tristeza o la decadencia, con la primavera, que representa el renacimiento, la esperanza y el florecimiento. Este contraste puede transmitir un mensaje sobre el ciclo de la vida y la transformación constante.

Ahora elaboramos un soneto a partir de los susodichos contrarios:

Contradicciones

Bajo el manto de sombras me refugio,

donde lágrimas y risas se funden,
la oscuridad y la luz se confunden,
y en mi silencio el ruido hago mío.

En el invierno de mi alma fría,
la primavera espera su llegada,
pues el hielo y la flor son una espada,
y la muerte y la vida se desafían.

Mis versos, contradictorios y yermos,
reflejan duelos de eternas batallas,
donde el odio y el amor son compañeros.

Pues en la noche, entre penas y mallas,
las verdades y mentiras prisioneros,
viven en dichos contrarios sin fallas.

Juegos léxicos: Juega con el significado literal y figurado de las palabras, utiliza sinónimos, antónimos o palabras que se relacionen semánticamente para construir imágenes o metáforas inesperadas. Esto ampliará las posibilidades de interpretación y enriquecerá el significado de tus versos.

Aquí tienes cuatro ejemplos de juegos con el significado literal y figurado de las palabras, utilizando sinónimos, antónimos o palabras relacionadas semánticamente:

"Sus palabras eran pétalos de fuego"
Aquí se juega con la imagen de los pétalos, que se asocian a la delicadeza y la belleza, pero en lugar de ser suaves y suaves, se describen como fuego, creando una metáfora inesperada que sugiere la intensidad y la pasión en el discurso de alguien.

"El tiempo hilvana los segundos del reloj"
En esta frase se juega con el significado literal de "hilvanar" y se aplica metafóricamente al tiempo. El acto de hilvanar, que implica unir y coser, se utiliza para describir cómo el tiempo enlaza los segundos, enfatizando la continuidad y el flujo constante de la vida.

"Sus lágrimas eran cascadas de cristal"

Aquí se emplea la comparación de las lágrimas con cascadas de cristal, fusionando el significado literal de las lágrimas con la imagen visual de una cascada. Esta metáfora inesperada agrega un sentido de belleza y fragilidad a las emociones expresadas.

"El silencio era un mar de palabras ahogadas"

En esta frase, se juega con el significado figurado del silencio, describiéndolo como un "mar" en el que las palabras se encuentran ahogadas.

Esta metáfora inesperada sugiere que, a veces, el silencio puede ser tan abrumador como un mar profundo, lleno de pensamientos y emociones no expresados.

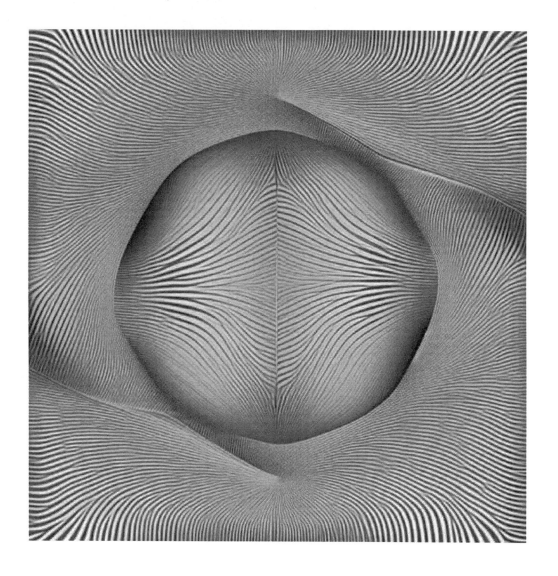

Juego de referencias culturales o históricas: Introduce referencias a personajes famosos, obras literarias, eventos históricos u otros elementos culturales para crear un diálogo intertextual. Esto agregará capas de significado y profundidad a tu poema, y permitirá al lector establecer conexiones y asociaciones adicionales.

En nuestra tradición literaria, Jorge Luis Borges introduce referencias a personajes famosos, obras literarias y elementos culturales en sus poemas. Para dar un ejemplo, en su poema "Luna", Borges cita a Pitágoras poéticamente en su relación con el astro blanco:

Pitágoras con sangre (narra una
tradición) escribía en un espejo
y los hombres leían el reflejo
en aquel otro espejo que es la luna.

Recuerda que el uso de juegos de palabras debe ser intencional y coherente con el mensaje y la estética de tu poema. No se trata solo de añadir juegos de palabras por añadir, sino de utilizarlos de manera efectiva para enriquecer tu creación poética y lograr el impacto deseado en el lector. Experimenta, juega con el lenguaje y diviértete explorando las múltiples posibilidades que los juegos de palabras pueden ofrecer a tu poesía.

Escritura libre

La escritura libre es una técnica literaria que consiste en escribir de manera espontánea y sin restricciones, dejando fluir los pensamientos y las palabras sin censura ni estructura predefinida. Esta técnica tiene una estrecha relación con el movimiento surrealista, ya que ambos comparten la idea de liberar la creatividad y explorar el subconsciente.

Los surrealistas, liderados por André Breton, buscaban romper con las convenciones literarias y artísticas establecidas, y buscaban acceder a un estado de conciencia más allá de la razón lógica. La escritura libre les permitía explorar los rincones más profundos de la mente y expresar sus pensamientos, emociones y sueños de una manera liberada de las restricciones de la lógica y la coherencia tradicional.

Un ejemplo notable de obra surrealista de André Breton es su libro "El manifiesto surrealista" (Manifeste du surréalisme), publicado en 1924. En este manifiesto, Breton expone los principios fundamentales del surrealismo, enfatizando la importancia de la liberación del pensamiento y la creatividad, y la búsqueda de un lenguaje y una expresión que vayan más allá de los límites establecidos.

En "El manifiesto surrealista", Breton emplea una prosa poética y experimental, utilizando imágenes y metáforas sorprendentes, asociaciones inesperadas y un estilo libre y fluido. Su intención era provocar en el lector una experiencia visceral y emocional, alejándose de la lógica convencional y adentrándose en el mundo del inconsciente y los sueños.

Tómate unos minutos cada día para escribir libremente sin restricciones ni juicios. Deja que las palabras fluyan y anota tus pensamientos, ideas y emociones sin preocuparte por la coherencia o la estructura:

Bajo el sol ardiente de Sincelejo Sucre, donde las palabras flotan en el aire como mariposas multicolores, me encuentro, Leyla Margarita Tobías, una poeta oritunda que lleva en su corazón las raíces de su tierra natal. Aunque exiliada en la ciudad de Bucaramanga, sigo aferrada a mis recuerdos y a mi esencia.

Cuando desato la pluma y me sumerjo en la escritura automática, me embarco en un viaje sin rumbo fijo. Las palabras emergen como torrentes incontrolables, liberando emociones y pensamientos sin restricciones. Es un acto de valentía y entrega, donde me permito ser vulnerable y sincera, dejando que la corriente de la inspiración me guíe.

No existen no rmas ni métricas tradicionales que me limiten. Mi prosa se expande y fluye como un río desbordado. Exploro los límites de mi ser y del universo, en busca de conexiones profundas y reveladoras.

Cada palabra es una semilla que se planta en el papel, creando un jardín de significados y sensaciones.

Aunque el exilio pueda haberme alejado físicamente de mi lugar de origen, en cada palabra escrita encuentro un puente hacia mis raíces. A través de la poesía, tejo una red invisible que une corazones distantes y abraza la humanidad. Soy Leyla Margarita Tobías, una poeta en búsqueda de la libertad y la sanación a través de la palabra.

Personajes inusuales

Inventar personajes inusuales o extravagantes. Crea descripciones detalladas de su apariencia, personalidad y peculiaridades. Luego, desarrolla una historia o un diálogo que involucre a estos personajes.

Pensemos en dos seres, uno inanimado y otro animado pero mudo; un ladrillo y una mariposa, por ejemplo, y dejemos volar la imaginación con un diálogo poético entre estos seres que divagan sobre lo finito de su existencia:

Diálogo de una polilla con un ladrillo

Ladrillo: ¡Oh mariposa hermosa, vuela en el jardín!
¿No te fatigas, en tu vuelo sin fin?

Mariposa: Saludos, noble ladrillo, firme y erguido.
Mi efímera danza, en el aire se ha fundido.

Ladrillo: Soy limitado en tiempo, en mi existencia.
Construcción sólida, mas con fina esencia.

Mariposa: Efímera soy, mas mi vuelo es mi legado.
Belleza y fragilidad, en un breve trazado.

Ladrillo: Más allá de lo tangible, hay un misterio.
¿Acaso en lo finito se esconde lo eterno?

Mariposa: En la trascendencia hallamos nuestro encanto.

Dualidad que baila, en un cósmico canto.

Ladrillo: Solidez y fragilidad, en danza eterna.
Complemento en el cosmos, en bella dierna.

Mariposa: Exploramos límites, en nuestro diálogo.
Magia de lo efímero, que el tiempo es palabra y vida.

Ladrillo: Sigamos volando y construyendo, a nuestro modo.
En este vasto universo, en dulce acomodo.

Viaje imaginario

Imagina que estás en un lugar completamente nuevo y desconocido.
Describe el entorno, las personas que encuentras y las emociones que
experimentas. Crea una narrativa de aventura o descubrimiento.

Imaginemos, por ejemplo, un mundo con montañas y valles de diamante:

En un mundo ignoto, tierra sin nombre,
las montañas de cristal y diamante,
se alzan majestuosas, como gigantes,
brillando en el espacio, puro renombre.

Valles de plata, curvas que deslumbran,
reflejan el fulgor de las estrellas,
un espectáculo lleno de huellas,
en cada rincón, maravillas cimbran.

Criaturas lumínicas, seres divinos,
con alas irisadas, iridescencia,

en su vuelo, llevan toda esencia,
del cosmos que en su cuerpo hacen nidos.

Comunidades sabias, seres de luz,
construyen sus moradas en los montes,
conocimiento fluye en sus horizontes,
voces llenas de sabiduría y cruz.

Diario de sueños

Los sueños son una fuente inagotable de inspiración para los poetas.
Lleva un diario de sueños donde registres los sueños que recuerdas.
Utiliza esos sueños como inspiración para crear historias o poemas
surrealistas.

Hace unos días, por ejemplo, soñé con un elefantito que traía buenas
noticias a mi apartamento en Bucaramanga, Santander:

En Bucaramanga, en mi apartamento,
un sueño visitó mi dulce calma,
un elefantito de noble alma,
traía noticias con gran aliento.

Sus patas ágiles, porte elegante,
se adentró en mi espacio con alegría,
portador de buenas nuevas, decía,
con su trompa noble y penetrante.

"En Santander, tierra de corazón,
el progreso y el amor se entrelazan,
la esperanza en cada paso se abrazan,
florece la felicidad sin razón".

Así hablaba el elefante sabio,
llevo esperanza en su tristeza gris,
su visita, un regalo sin matiz,
un sueño que en mi alma quedó grato.

66

Agradezco al elefantito amable,
su visita, mensaje de bienestar,
Santander en mi sueño se hizo hogar,
un mensaje de amor que nunca olvido.

Reescribir cuentos clásicos

Toma un cuento clásico o una fábula conocida y dale un giro original.
Cambia el final, los personajes o el escenario para crear una nueva
versión de la historia.

Pensemos, por ejemplo en un Hansel y Gretel moderno, en donde ellos
son pareja y la bruja malvada es una entidad financiera que quiere que
consuman sus créditos para luego esclavizarlos:

En un mundo vanguardista, en versos de sorpresa,
Hansel y Gretel, pareja en busca de su anhelo,
El gerente del banco, Bujilda, astuto empresario,
Les presenta ofertas que consumen sin recelo.

Hansel, curioso, y Gretel, llena de deseo,
Se adentran en el juego de Bujilda sin tregua,
Las promesas embriagantes, un dulce arreo,
Consumen lo que les ofrecen, sin sospecha alguna.

El consumismo avanza, los créditos crecen,
Bujilda sonríe, su plan va tomando forma,
Hansel y Gretel, seducidos y enloquecidos,
Caen en la trampa, sin saber la tormenta que se forma.

Pero pronto despiertan, se dan cuenta del engaño,
La entidad financiera, su dulce y amarga tentación,
Hansel y Gretel, despiertan del sueño extraño,
Deciden romper las cadenas y buscar su redención.

Enfrentan a Bujilda, el villano codicioso,
Se liberan de sus garras, toman su propio rumbo,
Hansel y Gretel, valientes y orgullosos,
Escapan del consumismo, hacia un futuro juntos.

Poema visual

Elige una imagen o una fotografía y crea un poema que capture la esencia de la imagen. Juega con las palabras, la estructura y las metáforas para transmitir emociones o ideas relacionadas con la imagen.

A partir de la imagen de mi esposo con nuestra mascota, escribo, por ejemplo, estos versos:

Bajo el cálido sol

Bajo el cálido sol, Hugo y Cleo sonríen en la imagen,
Una perrita llena de alegría, iluminando nuestro hogar,
Su rostro radiante, en el brillo del día que se avecina,
Nos regala momentos de felicidad sin cesar.

Hugo, mi esposo, y Cleo, nuestra adorada compañera,
Unidos en esa fotografía que irradia amor y alegría,
La luz del sol acaricia sus rostros con esmero,
Mientras juntos disfrutan de la vida, en plena armonía.

En esa escena, la dicha se hace palpable,
La perrita Cleo, con sus ojos brillantes y juguetones,
Hugo, sonriente, compartiendo momentos inolvidables,
Una imagen que atesoramos en nuestros corazones.

En el apartamento citadino, en la luz del sol brillante,
Hugo y Cleo nos muestran la belleza de la conexión,
Su cariño mutuo, en un gesto tan reconfortante,
Nos llena de gratitud y profunda emoción.

Cartas ficticias

Escribe una carta ficticia a ti mismo o a alguien más, ya sea en el pasado, en el futuro o a un personaje imaginario. Explora tus pensamientos, sentimientos y reflexiones en forma de carta.

Compongamos, a manera de ejemplo, una carta de una poeta sucreña a los gobernantes del mundo que declaran guerras sin vergüenza, en una era en que los sabios reconocen ya la inutilidad de las guerras:

Contra la guerra

Estimados gobernantes del mundo, escuchad mis versos,
Que brotan como lágrimas de una madre en duelo.
En esta era de sabiduría, sin guerras sin consuelo,
Os escribo con la esperanza de cambiar vuestros destinos adversos.

Como poeta que ha perdido a sus bebés no nacidos,
Siento en el corazón el dolor de la humanidad afligida.
En un mundo que clama por paz, sin fronteras divididas,
Os ruego que detengáis vuestras guerras y abracéis los ideales compartidos.

Las madres lloran, los niños sufren el peso del conflicto,
En cada bomba que estalla se desgarra la esperanza.
Os pido, con voz poética, que encontréis una nueva danza,
Que abracéis la paz como un verso perfecto.

En esta era de sabios que reconocen la inutilidad de las guerras,
Buscad soluciones pacíficas, no alimentéis más la discordia.
Que el diálogo sea vuestra elección, la comprensión vuestra guía,
Construyamos juntos un mundo lleno de armonía y esferas.

La paz no es solo la ausencia de conflictos y batallas,
Es la presencia de justicia y amor en todas las naciones.
Unid vuestras manos, gobernantes, y tomad las decisiones
Que forjen un futuro en el que la guerra no tenga cabida, solo palabras.

Que mis versos encuentren eco en vuestros corazones,
Y en ellos germine la semilla de un mundo mejor.
Donde el respeto y la igualdad sean el color,
Y la paz sea la melodía que entone nuestras canciones.

Con ferviente esperanza de un mundo sin guerras ni llanto,
Os escribo, gobernantes, con la voz de la poesía.
Que mis versos os inspiren a tomar acción y valentía,
Y juntos construyamos un futuro en paz y encanto.

Microficciones

Escribe historias breves en menos de 100 palabras, que luego presentas en verso. Concéntrate en crear una narrativa concisa y evocadora en un espacio limitado.

Compongo, por ejemplo, una breve historia de amor entre una madre soltera, abandonada por su amante, y un estudiante de abogacía de jornada nocturna:

Manuel al alba

En medio de un mundo sumido en sombras, dos almas rotas se entrelazaron en un encuentro inesperado. Manuel, devastado por la pérdida de su amado hijo, buscaba consuelo en el silencio de la noche. Alba, una madre soltera abandonada, cargaba sobre sus hombros la soledad y el desamor.

El destino los guió hasta encontrarse en un parque desolado, donde las lágrimas se confundían con la lluvia. En un abrazo, se reconocieron el dolor y la angustia. Juntos compartieron sus historias de pérdida y soledad, encontrando en el otro un refugio para sus almas desgarradas.

Manuel, con su corazón lleno de cicatrices, encontró en Alba una luz de esperanza.

Y Alba, con su fuerza y determinación, descubrió en Manuel la fortaleza para seguir adelante. Unidos por un amor nacido de la tragedia, se aferraron a la promesa de reconstruirse mutuamente.

En cada mirada, en cada palabra susurrada al oído, encontraron consuelo y apoyo. Juntos aprendieron a sanar las heridas del pasado y a abrazar un futuro incierto pero lleno de posibilidades. Su amor, alimentado por el fuego de la adversidad, se convirtió en un faro de esperanza en medio de la oscuridad.

En ese abrazo de almas rotas, Manuel y Alba encontraron un refugio donde sanar sus heridas, una fuerza para enfrentar los retos que la vida les presentaba. Su amor, marcado por el dolor y la tragedia, se volvió la luz que iluminó sus caminos hacia una nueva vida, donde juntos superarían cada obstáculo y construirían una historia de amor que trascendería el tiempo y el dolor.

Que puedo presentar como un cuento corto, o como un poema:

Manuel descubre el alba

En un oscuro mar de desconsuelo,
Manuel perdido en su dolor profundo,
Alba, madre soltera, carga el mundo,
Dos almas rotas, en busca de consuelo.

La tragedia les une en su anhelo,
El llanto les abraza en cada segundo,
En un abrazo, juntos van juntando,
La fuerza que en el dolor se revelo.

Manuel, su hijo amado ha partido,
Alba, desamparada y abandonada,
Encontraron un refugio compartido.

El amor nace en medio de la nada,
Entre lágrimas y heridas, han unido
Sus corazones en una nueva alborada.

Un taller de escritura colectiva es un espacio en el que un grupo de personas se reúne para compartir ideas, experiencias y crear de manera conjunta. La metodología de este taller se basa en la colaboración y el intercambio de conocimientos entre los participantes.

Describiremos a continuación de la metodología de un taller de escritura colectiva:

Introducción: El taller comienza con una introducción sobre el propósito y los objetivos del taller. Se establecen las normas de participación, se fomenta el respeto y se crea un ambiente de confianza para que los participantes se sientan cómodos compartiendo sus ideas y creaciones.

Dinámicas de calentamiento: Se realizan ejercicios o dinámicas de calentamiento para estimular la creatividad, la imaginación y la conexión entre los participantes. Estos ejercicios pueden incluir escritura libre, juegos de palabras, asociaciones creativas o actividades de improvisación.

Temas y consignas: Se plantean temas o consignas sobre los cuales los participantes trabajarán en sus escritos. Estos temas pueden ser propuestos por el facilitador del taller o surgir de manera colaborativa a partir de las ideas del grupo. Las consignas pueden incluir limitaciones formales, como la longitud del texto o el uso de ciertos elementos literarios.

Trabajo en grupos o parejas: Se fomenta el trabajo en grupos pequeños o en parejas para promover la colaboración y la retroalimentación entre los participantes. Cada grupo o pareja puede trabajar en la creación de un texto conjunto o en la revisión y mejora de los escritos individuales.

Lecturas y discusiones: Se realizan lecturas en voz alta de los textos creados y se abren espacios para la discusión y el intercambio de ideas. Los participantes pueden compartir sus impresiones, realizar preguntas, ofrecer sugerencias y brindar apoyo mutuo.

Retroalimentación constructiva: Se promueve la retroalimentación constructiva entre los participantes, enfocándose en resaltar los aspectos positivos de los escritos y ofrecer sugerencias de mejora. Se busca crear un ambiente de apoyo y crecimiento en el que cada participante se sienta valorado y motivado para continuar desarrollando sus habilidades escritas.

Cierre y reflexión: El taller finaliza con un momento de reflexión en el que se invita a los participantes a compartir sus experiencias, aprendizajes y reflexiones sobre el proceso de escritura colectiva. Se agradece a los participantes por su contribución y se les anima a continuar escribiendo y explorando su creatividad.

La metodología de un taller de escritura colectiva puede variar dependiendo del enfoque y los objetivos específicos del taller, pero en general se centra en la colaboración, la retroalimentación y la construcción conjunta de conocimientos y creaciones literarias.

Recuerda que estos ejercicios están diseñados para estimular tu creatividad y explorar diferentes aspectos de la escritura. Siéntete libre de adaptarlos a tus preferencias y necesidades, y disfruta del proceso de descubrir nuevas ideas y formas de expresión a través de la escritura.

Recitales de noveles poetas

Los recitales de noveles poetas se caracterizan por ser eventos en los que poetas emergentes tienen la oportunidad de compartir sus creaciones con el público. La metodología de estos recitales se basa en los siguientes aspectos:

Convocatoria abierta: Se realiza una convocatoria abierta para que poetas noveles puedan inscribirse y participar en el recital. Esto permite dar espacio y visibilidad a nuevas voces poéticas.

Selección y programación: Se lleva a cabo una selección de los poetas que participarán en el recital, teniendo en cuenta la diversidad de estilos, temáticas y enfoques poéticos. Se programa el orden de las lecturas para ofrecer un flujo armónico y variado durante el evento.

Presentación y contexto: Cada poeta es presentado antes de su lectura, brindando una breve introducción sobre su trayectoria, inspiraciones o enfoque poético. Esto ayuda al público a contextualizar y conectar con la obra del poeta.

Lectura de poemas: Cada poeta selecciona una serie de poemas para recitar durante su participación en el recital. Se les brinda un tiempo determinado para compartir sus creaciones, incentivando una selección que represente su estilo y propósito poético.

Espacios de interacción: Entre las lecturas, se pueden crear espacios de interacción y diálogo, como preguntas y respuestas o comentarios breves, para fomentar la conexión entre los poetas y el público. Esto permite generar un ambiente de apoyo y retroalimentación constructiva.

Ambiente acogedor: Se busca crear un ambiente cálido y acogedor donde los poetas noveles se sientan cómodos y seguros al compartir su obra. La participación del público se anima a través de aplausos y muestras de apoyo, generando un ambiente de celebración de la poesía.

Networking y difusión: Al final del recital, se pueden facilitar momentos de networking entre los poetas y el público interesado en la poesía. Se promueve la difusión de sus obras, redes sociales o publicaciones literarias para apoyar su desarrollo como escritores.

En resumen, los recitales de noveles poetas se basan en una convocatoria abierta, selección y programación de participantes, presentación de poetas, lectura de poemas, espacios de interacción, ambiente acogedor y oportunidades de networking y difusión.

Estos eventos buscan brindar una plataforma para que los poetas emergentes compartan su voz y se conecten con el público interesado en la poesía.

Antologías de poetas

La participación en antologías poéticas representa una valiosa oportunidad para los poetas noveles de compartir su voz y su arte con el mundo. Estas compilaciones literarias, ya sea impresas o digitales, ofrecen un espacio propicio para que las plumas emergentes encuentren un lugar destacado en la escena literaria.

Una de las ventajas de participar en antologías poéticas es la posibilidad de visibilidad y difusión. Estas obras reúnen a diversos autores, lo que permite que el trabajo de cada poeta sea conocido por un público más amplio. La sinergia y el diálogo entre los diferentes estilos y temáticas presentes en la antología enriquecen la experiencia de lectura y brindan una plataforma para que los poetas noveles sean descubiertos por nuevos lectores.

Además, las antologías poéticas, en particular aquellas publicadas en plataformas como Amazon, ofrecen una accesibilidad y facilidad de distribución sin precedentes. La era digital ha democratizado el proceso de publicación, permitiendo que los poetas noveles puedan presentar sus obras al mundo de manera rápida y eficiente. Esto rompe con las barreras tradicionales de la publicación y brinda a los escritores emergentes la posibilidad de compartir sus versos con una audiencia global.

Asimismo, participar en antologías poéticas fomenta la conexión y el intercambio con otros escritores. Estas compilaciones suelen contar con la participación de autores consolidados y experimentados, lo que brinda la oportunidad de establecer contactos y aprender de su experiencia. El diálogo y la retroalimentación entre los poetas contribuyen al crecimiento y desarrollo del talento emergente, fomentando la evolución y la exploración de nuevas técnicas y estilos poéticos.

La participación en antologías poéticas es una experiencia enriquecedora y valiosa para los poetas noveles. A través de estas compilaciones, se pueden alcanzar nuevas audiencias, compartir ideas y emociones, y establecer conexiones con otros escritores. La facilidad de publicación en plataformas como Amazon ha abierto un abanico de posibilidades para que los poetas emergentes hagan oír su voz en el panorama literario. Por tanto, se anima a los poetas noveles a aprovechar estas oportunidades y formar parte de antologías poéticas, contribuyendo así a la diversidad y vitalidad de la poesía contemporánea.

Describiré a continuación los pasos a seguir para editar un libro de antología poética de noveles escritores:

1. Convocatoria y selección: Se realiza una convocatoria abierta para que poetas femeninas envíen sus poemas para su consideración. Un comité de selección revisa las obras recibidas y elige las que se incluirán en la publicación, buscando una variedad de estilos, temáticas y enfoques.

2. Temáticas y estructura: Se puede establecer una temática central para la publicación colectiva, que sirva como hilo conductor. Además, se define la estructura y el orden de los poemas, buscando un equilibrio y una narrativa coherente que fluya a lo largo de la publicación.

3. Colaboración y promoción: Se fomenta la colaboración entre las poetas seleccionadas, brindándoles la oportunidad de compartir ideas, comentarios y sugerencias para mejorar el resultado final. Una vez publicada, se promociona la obra colectiva a través de eventos literarios, redes sociales y otras plataformas, destacando la diversidad y la calidad de las voces poéticas femeninas presentes en la publicación.

Así, las publicaciones colectivas de poetas femeninas en las que actualmente trabajo, se desarrollan a través de convocatorias, selección de obras, establecimiento de temáticas y estructura, colaboración entre las poetas seleccionadas y promoción de la obra final.

Estas publicaciones buscan destacar y amplificar las voces poéticas de mujeres, ofreciendo un espacio para la expresión literaria y la visibilidad en el mundo de la poesía.

A manera de conclusión, sinteticemos lo abordado en este capítulo:

1. Practica escritura libre, sin restricciones ni juicios, dejando que las palabras fluyan libremente.

2. Explora la descripción sensorial, detallando los cinco sentidos en objetos, lugares o experiencias.

3. Crea personajes inusuales con descripciones detalladas y desarrolla historias o diálogos con ellos.

4. Realiza un viaje imaginario, describiendo un lugar nuevo y desconocido con emociones y narrativa.

5. Utiliza tus sueños como inspiración para crear historias o poemas surrealistas. Reescribe cuentos clásicos dándoles un giro original.

6. Crea poemas visuales basados en imágenes, jugando con palabras, estructura y metáforas.

7. Escribe cartas ficticias a ti mismo, a otros en diferentes tiempos o a personajes imaginarios.

8. Experimenta con microficciones, creando historias breves y concisas en menos de 100 palabras.

9. Juega con el lenguaje mediante aliteraciones, asonancias, rimas y creación de palabras nuevas.

10. Asóciate con otras escritoras o escritores para crear poemas o historias colectivas.

11. Busca editores en las redes que publiquen antologías de poemas, con el fin de postular tus poetas, y eventualmente visibilizar tu trabajo en las ferías de libros internacionales.

12. Disfruta del proceso de explorar nuevas ideas y formas de expresión a través de la escritura.

5. Herramientas digitales que pueden ayudarte a crear poemas con facilidad

En los últimos meses, hemos sido testigos de la irrupción de la inteligencia artificial (IA) en diferentes ámbitos de nuestra vida cotidiana. Desde la medicina hasta el entretenimiento, la IA ha demostrado su capacidad para agilizar procesos, mejorar la precisión y generar nuevas posibilidades. En el mundo de la creación artística, la poesía no ha sido ajena a esta revolución tecnológica.

La creación poética es un proceso profundamente humano que implica la expresión de emociones, la exploración de ideas y la experimentación con el lenguaje.

Tradicionalmente, ha sido considerada como una forma de arte exclusivamente humana, vinculada a nuestra sensibilidad y capacidad de reflexión. Sin embargo, con los avances en el campo de la IA, hemos presenciado el desarrollo de programas y algoritmos capaces de generar poemas por sí mismos.

La generación de poesía mediante IA plantea interrogantes fascinantes sobre la naturaleza de la creatividad y la originalidad. ¿Puede una máquina realmente crear poesía auténtica? ¿Es posible que una máquina tenga la capacidad de expresar emociones de la misma manera que un ser humano? Estas preguntas han generado debates acalorados y posturas divergentes.

Por un lado, están aquellos que ven la intervención de la IA en la creación poética como una herramienta valiosa que amplía las posibilidades artísticas. Estos defienden que la IA puede ser utilizada como una fuente de inspiración, un generador de ideas o incluso un colaborador en el proceso creativo. Argumentan que la IA puede analizar grandes cantidades de datos y patrones lingüísticos para producir poemas que, si bien pueden carecer de la sensibilidad humana, poseen una estructura y técnica impresionantes.

Por otro lado, existen quienes ven con escepticismo la incursión de la IA en la poesía. Argumentan que la esencia misma de la poesía radica en la experiencia humana, en la capacidad de conectar con las emociones y transmitir significados profundos. Consideran que la IA, por más sofisticada que sea, carece de la chispa creativa y la intuición que solo los seres humanos poseemos.

Sin embargo, es importante destacar que, independientemente de las opiniones divergentes, la irrupción de la IA en la creación poética ha abierto nuevas vías de exploración y reflexión. La interacción entre la inteligencia humana y la artificial puede generar diálogos inesperados, desafiar los límites de la creatividad y cuestionar nuestras concepciones preestablecidas sobre el arte.

Además, la IA también ha contribuido a democratizar la poesía al permitir que más personas tengan acceso a la creación literaria. Plataformas y aplicaciones impulsadas por IA facilitan la escritura y publicación de poemas, fomentando la participación y diversidad en la comunidad poética.

En breve, la irrupción de la IA en la creación poética plantea desafíos y oportunidades. Si bien la discusión sobre la autenticidad y el valor de la poesía generada por IA continuará, es innegable que esta tecnología ha abierto nuevas perspectivas y posibilidades para el arte poético. El futuro de la poesía en la era digital consistirá en un híbrido entre la creatividad del poeta y la generación de versos por AI según las direcciones del poeta.

Existen, de hecho, varias herramientas digitales gratuitas que pueden ayudarte a crear poemas con facilidad. Aquí te presento algunas opciones:

1. Poetweet: esta herramienta te permite crear poemas utilizando tuits. Simplemente ingresa un usuario de Twitter y la herramienta generará un poema utilizando los tuits de esa persona.

2. RhymeZone: esta herramienta te ayuda a encontrar rimas y palabras que puedan encajar en tu poema. Simplemente ingresa una palabra y RhymeZone buscará palabras que rimen o que sean similares.

3. Canva: esta herramienta de diseño gráfico te permite crear diseños atractivos para tus poemas. Puedes utilizar plantillas prediseñadas o crear tu propio diseño (ver anexo 1).

4. Poem Generator: esta herramienta te permite generar poemas de manera automática. Simplemente ingresa algunas palabras clave y la herramienta generará un poema basado en esas palabras.

5. Google Docs: esta herramienta de procesamiento de texto te permite escribir y editar tus poemas de manera fácil y sencilla. Además, puedes compartir tus poemas con otros usuarios para recibir comentarios y sugerencias.

Estas son solo algunas de las herramientas que puedes utilizar para crear poemas con facilidad. Asegúrate de estas y nuevas opciones para encontrar la que mejor se adapte a tus necesidades.

6. La sanación poética

La asociación de mujeres para la salud (2018) afirma que en pleno siglo XXI la humanidad enfrenta la violencia como uno de sus problemas emblemáticos; el imponerse ante el otro por la fuerza, como si aún fuéramos bestias, afecta a millones de personas.

Las mujeres, en particular, en virtud de su debilidad ante la fuerza masculina, son el grupo vulnerable por antonomasia (Ortega y Quinde, 2021).

Las dificultades en la comunicación interpersonal, causadas por diversos factores, tales como la aprobación social por parte de grupos de fraternidad masculina, la arrogancia o hybris propia de los machos alfa, la manufacturación de consensos políticos o imposiciones de agendas políticas, y la imposición del criterio de autoridad vertical en empresas e instituciones, derivan en una violencia física y verbal contra las mujeres madres de familia, manifiesta en golpes, hematomas y, en los peores escenarios, asesinatos.

Como lo demuestra James Joyce en uno de sus cuentos de Dublineses (1914), sufrir la violencia del padre de familia es un fenómeno social que afecta a mujeres y niños sin distinción de raza , país , edad , sexo o clase social:

Andaba con rabia contenida y resentimiento. Se sentía humillado y con ánimos de desquitarse; no estaba ni tan siquiera borracho; y no tenía más que dos centavos en el bolsillo. Maldijo a todos y al mundo. Estaba acabado en la oficina, había empeñado el reloj y malgastado todo el dinero; y ni siquiera estaba ebrio (...) Su esposa era una mujer menuda de cara cortante que maltrataba a su esposo si estaba sobrio y era maltratada si estaba ebrio. Tenían cinco hijos. Uno de ellos bajó corriendo las escaleras (...) —¡Te voy a enseñar a permitir que se apague la candela! —dijo, arremangándose para dejar libre el brazo. (...) —¡Ay, papá! —gritaba—. ¡No me pegues, papito! Voy a rezar un padrenuestro por ti... Voy a rezar un avemaría, papito, si no me pegas... Voy a rezarte un padrenuestro... (1914, p. 78).

La Asociación de Mujeres para la Salud es una organización gubernamental de España que denuncia la desigualdad de género. Son los hombres quienes primordialmente reciben las mejores ofertas de trabajo, los puestos políticos y administrativos, las becas, las postulaciones y prebendas sociales. Dicha tendencia, propia de la modernidad, discrimina a la mujer y la aleja de su participación política.
La guerra actual en Ucrania podría también ser interpretada como la reacción de un macho alfa, llámese Putin, ante las luchas de la mujer por la igualdad en el mundo civilizado occidental .

La organización Mundial de la salud (OMS , 2013) revela que 1 de cada 3 mujeres sufre de abuso emocional por parte de agresores cercanos, sea el padre, el esposo, el hermano, el hijo, el vecino, el colega de estudio o de trabajo.

El uso de la fuerza física de para causar daño a otra persona, manifiesta en la humanidad desde la prehistoria, ha sido, según la ONU, justificada en virtud de la supervivencia.

No obstante, según el mitógrafo Robert Graves, la humanidad vivió en paz por setenta mil años, hasta que el hombre de la edad de hierro destronó el matriarcado para imponer la violencia y la guerra como nuevo credo social. Su domino por los últimos 3000 años han llevado a nuestro planeta al borde de la destrucción.

Graves (1948), quien fue poeta, aboga por una reivindicación de la mujer y la maternidad como fuente de organización social a través del quehacer poético .

Entendemos la poesía como aquella expresión sincera y personal, libre de prejuicios y cohibiciones sociales.

Abordar la violencia requiere de un reconocimiento del empleo abusivo del lenguaje mediante la imposición de criterios de superioridad intelectual tales como un IQ impresionante o un mejor dominio de las matemáticas y la geometría, en abierto desconocimiento de la multiplicidad de inteligencias prescritas por Gardner desde los 1990s.

La organización de la higiene de las viviendas familiares, la administración de la economía doméstica, la procreación y la educación básica de los niños son labores que fundamentan toda sociedad, y que, desde tiempos prehistóricos han sido encomendados a la mujer sin otra retribución que la buena disposición o voluntad por parte de sus maridos y sus jefes políticos.

Las obligaciones legales hacia las mujeres sólo se articulan en casos de abandono parental, con la condición que éstas funjan como tutoras de su progenie.

Las consecuencias de nacer y crecer en sociedades que menosprecian lo femenino y la maternidad son los desórdenes de personalidad, las ideas suicidas, la depresión y el flagelo físico.

Es en este contexto en donde la poesía surge no solo como una tabla de salvación o una terapia psicológica o un canal de expresión libre de los prejuicios propios al patriarcado social.

Desde 1993 , la Asamblea General de la ONU fomenta programas para la eliminación de la violencia contra las mujeres en los hogares, verdadera fuente de la corrupción, la violencia social y las guerras que aquejan a la humanidad.

Todas las naciones, consecuentemente, están obligadas a respaldar medidas contra el doble flagelo de la violencia y la discriminación contra las mujeres, promulgando principalmente su respeto, su dignidad y su integridad.

Es en este contexto que surge el grupo Letras a Volar, ¡Habla Mujer! creado por mujeres sensibles, en algunos casos maltratadas: madres solteras, doncellas violadas, amantes vejadas y adolescentes matoneadas. Nuestro fin es la recuperación y divulgación de la belleza genuinamente femenina.

Mujeres santandereanas, que unidas a través de la palabra, fortalecen espacios de convivencia y sensibilización social abiertos a la comunidad en general.

Poesía, reflexiones o cuentos son leídos en público bajo el liderazgo mío como psicóloga.

"Quiero ofrecer oportunidades de crecimiento personal", afirmo, "y de fortaleciendo del tejido social femenino a través de nuestro mayor patrimonio: el amor. Es el amor de la mujer, de la madre, de la hermana, de la esposa, el único que se presenta como no retributivo. Las mujeres entregamos sin esperar nada a cambio. Nuestro fin es sanar: somos mujeres que han sido en algunos casos vulneradas y maltratadas, pero que jamás desfallecemos ante la depresión o el menosprecio. Sabemos que es nuestra buena disposición la única capaz de salvar a Colombia y el mundo de los males que la afligen".

En la actualidad editamos la Antología de Poemas ¡Habla Mujer! para expresión y sanación de las integrantes del colectivo femenino de poetas noveles *Letras a Volar, ¡Habla Mujer!*

Si deseas participar de esta experiencia, no dudes en escribirme a consultoriasstanley@gmail.com

SANACIÓN
Poética

¡Habla Mujer!, coordina una antología de poemas como una forma de expresión y sanación para mujeres, donde plasman sus experiencias y proceso de recuperación.

ENHEDUANNA (2285–2250 A. C.)

Sacerdotisa y poeta de Sumeria: INANNA, Diosa suprema, alzó su voz, / la más hermosa entre las estrellas del cielo, / reina del amor y de la guerra, / en su trono se sentó.

SAFO (650 - 580 A. C.)

Poeta griega. A mí en el pecho el Corazón se oprime.
Sólo en mirarte: ni la voz acierta
De mi garganta a prorrumpir; y rota
Calla la lengua

MURASAKI SHIKIBU (978 - C. 1014)

Escritora, poeta y cortesana japonesa autora de la primera novela moderna del mundo: Genji Monogatarii: Las hojas caen, pero el árbol sigue en pie; el amor se desvanece, pero los lazos perduran en el corazón.

HILDEGARDA DE BINGEN (1098 - 1179)

compositora, escritora, filósofa, científica, naturalista, médica, mística, líder monacal y profetisa: El universo entero es un reflejo del amor divino, una sinfonía de colores y sonidos que proclama la grandeza de Dios

GABRIELA MISTRAL (1889-1957)

Poeta, diplomática, profesora y pedagoga chilena: Levanto mi voz, hermana, junto a ti, te sostengo en la lucha, te animo a seguir, somos guerreras de amor y fortaleza, y juntas construiremos un mundo de igualdad.

MARÍA MERCEDES CARRANZA (1945-2003)

Poeta y periodista colombiana: Mis versos son fuego que no se apaga, la voz de las que no pueden hablar, la rabia y la esperanza que se entrelazan, la resistencia que se niega a claudicar.

Apéndice 2. Libros de Editorial Stanley

Los Espejos
de la
Pandemia

LEYLA MARGARITA TOBÍAS DE SANTANDER

Leyla Margarita Tobías de Santander

Una Madrugada Fugaz

Poemas

SANTANDER FERREIRA

Cleo, el Angelito que llegó del Cielo

Libro de poemas para colorear

HUGO NOÉL SANTANDER FERREIRA

ANDES GÓTICA

El vampiro de Körpen

HIMNOS AL AMOR

Poemas

HUGO NOËL SANTANDER FERREIRA

HISTORIA CIFRADA

Especulaciones históricas

HUGO NOËL SANTANDER FERREIRA

Una Primavera Kirguiza

Hugo Noël Santander Ferreira

Los Viajes de Marco Saint-André alrededor del Mundo

Made in the USA
Columbia, SC
09 August 2023

21291333R00057